正向教育
故事系列

奇異鳥滔滔，
請保持整潔

蘇·格雷夫斯 著

特雷弗·鄧頓 繪

潘心慧 譯

U0111228

新雅文化事業有限公司
www.sunya.com.hk

正向教育故事系列

《正向教育故事系列》全套16冊，**旨在培養孩子正向的性格強項，發揮個人潛能，活出更精彩豐盛的人生。**

在本系列裏，動物們遭遇到孩子成長中會遇到的困境，幸好他們最終都能發揮相關的性格強項，完滿地解決事情，還得到意外驚喜。

小朋友，準備好了嗎？現在，就讓我們進入正能量世界，一起跟着

 鱷魚卡卡學**毅力**

 大象波波學**仁慈**

 豹子達達學**團隊精神**

 長頸鹿高高學**公平**

 河馬胖胖學**正直**

 獅子安安學**希望**

 猴子奇奇學**審慎**

 烏龜娜娜學**勇敢**

 老虎哈哈學**自我規範**

 犀牛魯魯學**社交智慧**

 灰狼威威學**愛**

 樹懶樂樂學**熱情與幹勁**

 樹熊思思學**開明思想**

 斑馬敏敏學**勇敢和毅力**

 奇異鳥滔滔學**自我規範**

 熊貓元元學**社交智慧**

每冊書末還設有親子/師生共讀建議，幫助爸媽和孩子說故事呢！

 升級功能

本系列屬「新雅點讀樂園」產品之一，若配備新雅點讀筆，爸媽和孩子可以使用全書的點讀和錄音功能，聆聽粵語朗讀故事、粵語講故事和普通話朗讀故事，亦能點選圖中的角色，聆聽對白，生動地演繹出每個故事，讓孩子隨着聲音，進入豐富多彩的故事世界，而且更可錄下爸媽和孩子的聲音來說故事，增添親子閱讀的趣味！

「新雅點讀樂園」產品包括語文學習類、親子故事和知識類等圖書，種類豐富，旨在透過聲音和互動功能帶動孩子學習，提升他們的學習動機與趣味！

家長如欲另購新雅點讀筆，或想了解更多新雅的點讀產品，請瀏覽新雅網頁 (www.sunya.com.hk)或掃描右邊的QR code進入 。

如何使用**新雅點讀筆**閱讀故事

① 下載本故事的聲音檔案

1 瀏覽新雅網頁(www.sunya.com.hk) 或掃描右邊的QR code 進入 新雅•點讀樂園 。

2 點選 下載點讀筆檔案 ▶ 。

3 依照下載區的步驟說明,點選及下載《正向教育故事系列》的聲音檔案至電腦,並複製至新雅點讀筆的「BOOKS」 資料夾內。

② 點讀故事和選擇語言

啟動點讀筆後,請點選封面 新雅•點讀樂園 ,然後點選書本上的故事文字或說話的人物,點讀筆便會播放相應的內容。如想切換播放的語言,請點選每頁左上角的 粵/書 粵/口 普 圖示,當再次點選內頁時,點讀筆便會使用所選的語言播放點選的內容。

粵語　　　粵語　　　普通話
朗讀故事　講故事　　朗讀故事

❸ 播放整個故事

如想播放整個故事請點選下面的圖示：

❹ 製作獨一無二的點讀故事書

爸媽和孩子可以各自點選以下圖示，錄下自己的聲音來說故事！

1. 先點選圖示上 爸媽錄音 或 孩子錄音 的位置，再點 OK，便可錄音。
2. 完成錄音後，請再次點選 OK，停止錄音。
3. 最後點選 ▶ 的位置，便可播放錄音了！
4. 如想再次錄音，請重複以上步驟。注意每次只保留最後一次的錄音。

爸媽請使用
這個圖示錄音

孩子請使用
這個圖示錄音

奇異鳥滔滔一向不喜歡整潔。他從不收拾自己的玩具。有一次，爸爸找遍全屋也找不到他的汽車鑰匙。

原來鑰匙藏在滔滔的玩具堆下面！爸爸十分生氣，說因為滔滔他上班遲到了。於是，他叮囑滔滔要更加注意整潔。

此外，滔滔也從不收拾書本。有時候，他甚至連書包都找不到，常常因此而上學遲到。

媽媽勸告滔滔要更愛護他的東西，不該胡亂
擺放東西。但滔滔一點都不在乎，還說自己喜歡
亂糟糟的環境。

在學校，滔滔也是不愛整潔。他從不用心做數學題，大鳥老師說滔滔把功課本寫得亂七八糟，她根本看不出答案是對還是錯！於是，她要求滔滔必須「整整齊齊」的再做一遍！

有一天，大鳥老師請大家在作業簿上寫一個故事。滔滔把桌子弄得很亂，同桌的小獅子找不到他的作業簿。當小息的鐘聲響起，小獅子才找回自己的作業簿。

大鳥老師不許小獅子出去玩，因為他必須留下來完成他的作業。小獅子很不開心。

當天下午，同學們分組畫畫。滔滔剛好跟猴子和老虎同桌，猴子和老虎都很小心地畫，但滔滔卻粗心大意地把所有顏料都混在一起，還讓顏料四處飛濺。

　　猴子和老虎都很生氣，說滔滔弄髒了他們的
畫。他們拒絕繼續跟滔滔同桌，讓滔滔很傷心。

　　滔滔去見大鳥老師，問她該怎麼辦。他不明白為什麼同學們都不願意體諒他。大鳥老師便跟他說自律地保持整潔是很重要的。

她說滔滔除了要學會愛護自己的東西，也要愛護別人的東西。如果他之前會顧及他人，也許猴子和老虎的畫便不會髒了。

　　她問滔滔明白為什麼猴子和老虎不體諒他嗎？滔滔想了想，然後點了點頭，說他要向猴子和老虎⋯⋯還有小獅子道歉。

　　他説要把自己弄得亂糟糟的東西整理好，也要把課本和文具都放好。他明白要顧及別人的感受。大鳥老師為滔滔學會自律而感到歡喜。

當天放學後，滔滔收拾他的睡房。他先把書本整齊地收拾到書架上，然後他把玩具放回箱子裏，不再隨地亂放。

爸爸媽媽很高興，滔滔也感到很自豪，因為他的房間看起來整潔得讓人賞心悅目啊！

第二天，滔滔上數學課時，他努力地保持功課本的整潔，小心謹慎的把答案寫得整齊、清晰……大鳥老師吃了一驚，這還是第一次呢！

　　在課室裏，他保持桌面整潔，讓小獅子很容易找到作業簿。大鳥老師很滿意滔滔的改變，滔滔很開心……小獅子也很開心呢！

當天下午，同學們一起做黏土模型。滔滔跟老虎、猴子同桌，他們都很認真地做，但老虎不小心打翻了水，他頓時感到不知所措。

滔滔明白老虎的感受，他馬上去拿毛巾，幫老虎把水擦乾，老虎說滔滔真友善。

不久後，大鳥老師說時候不早了，該把東西收拾起來。滔滔跟伙伴一起收拾桌子，把所有用具都放回原位。猴子和老虎說現在的他很會收拾東西！

大鳥老師仔細檢查每張桌子，看看同學們有沒有收拾好。她說猴子、老虎和滔滔的桌子最整潔！他們三個都得到一顆金星貼紙作為獎勵。

他們三個感到非常自豪，特別是盡心盡力的滔滔！滔滔說他現在變得自律，喜歡整潔，他還覺得整潔比亂糟糟好得多呢！

認識正向心理學的 24 個性格強項

正向心理學之父馬丁・賽里格曼 (Martin Seligman) 與其他學者合作，研究出一套以科學驗證為基礎的正向心理學理論，提出每人都能培育及運用所擁有的性格強項，活出更豐盛的人生。

正向心理學中的性格強項分成 6 大美德 (Virtues)，共 24 個性格強項 (Character Strengths)。只要我們好好運用性格強項和應用所累積的正向經驗，日後無論是在順境或逆境中，我們仍然能從中獲得快樂及寶貴的經驗。

現在，一起來認識 24 個性格強項：

智慧與知識
(Wisdom & Knowledge)
喜愛學習 (Love of Learning)
開明思想 (Judgement)
洞察力 (Perspective)
創造力 (Creativity)
好奇心 (Curiosity)

勇氣
(Courage)
正直 (Honesty)
勇敢 (Bravery)
熱情與幹勁 (Zest)
毅力 (Perseverance)

節制
(Temperance)
謙遜 (Humility)
審慎 (Prudence)
寬恕 (Forgiveness)
自我規範 (Self-regulation)

24 個 性格強項

公義
(Justice)
公平 (Fairness)
團隊精神 (Teamwork)
領導才能 (Leadership)

靈性與超越
(Transcendence)
希望 (Hope)
感恩 (Gratitude)
幽默感 (Humour)
靈修性 (Spirituality)
對美麗和卓越的欣賞
(Appreciation of Beauty and Excellence)

仁愛
(Humanity)
愛 (Love)
仁慈 (Kindness)
社交智慧 (Social Intelligence)

故事中主角所發揮的性格強項

　　奇異鳥滔滔起初不愛整潔，對別人的批評或意見視若無睹，總給別人帶來大大小小的麻煩。一次，他弄髒了同學的畫，惹得同學不想再理睬他。大鳥老師引導他反思自己的行為：犯錯是因為一時粗心大意，或是缺乏自律的行為所致？

　　經過大鳥老師的提醒，滔滔發揮**自我規範**的性格強項。他明白到**自律**的重要性，不再掩飾自己不整潔的缺點，而是**積極地檢視自己**，並嘗試**控制和改善不足之處**。這讓他成功克服短處，成為一個更好的自己！

親子 / 師生共讀建議

讀完故事後，和孩子談談這本書：

1 與孩子談談故事的情節，鼓勵孩子按時間順序複述故事的情節。

2 跟孩子說說他們怎樣看滔滔不保持整潔的行為。他真的享受身處不整潔的環境嗎？他的行為為什麼會讓別人感到不高興呢？

3 鼓勵孩子分享一些個人經歷，請他們想想有沒有好好愛護自己的東西？有沒有保持房間整潔？如果不整潔的話，他們認為他們的行為對於自己或別人有甚麼影響？

4 與孩子談談自律的好處，例如能建立控制情緒、行為的能力，不受負面情緒支配，或是能更有條理、計劃地完成不同的人生目標。

5 跟孩子一同討論及設定可達到的短期目標，讓他們成為懂得自我規範的孩子。例如跟他們制定玩樂上的自制目標：每天玩手機遊戲少於 2 小時等。

正向教育故事系列

奇異鳥滔滔，請保持整潔

作　　者：蘇·格雷夫斯（Sue Graves）
繪　　圖：特雷弗·鄧頓（Trevor Dunton）
翻　　譯：潘心慧
責任編輯：黃偲雅
美術設計：郭中文
出　　版：新雅文化事業有限公司
　　　　　香港英皇道499號北角工業大廈18樓
　　　　　電話：（852）2138 7998
　　　　　傳真：（852）2597 4003
　　　　　網址：http://www.sunya.com.hk
　　　　　電郵：marketing@sunya.com.hk
發　　行：香港聯合書刊物流有限公司
　　　　　香港荃灣德士古道220-248號荃灣工業中心16樓
　　　　　電話：（852）2150 2100　傳真：（852）2407 3062
　　　　　電郵：info@suplogistics.com.hk
印　　刷：中華商務彩色印刷有限公司
　　　　　香港新界大埔汀麗路36號
版　　次：二〇二三年十月初版

ISBN : 978-962-08-8206-7
Original published in the English language as 'Behaviour Matters! Kiwi Tidies Up (A book about being messy)'
Text © Hodder and Stoughton 2022
Illustrations © Trevor Dunton 2022
Copyright licensed by Franklin Watts, an imprint of Hachette Children's Group,
Part of Hodder and Stoughton
Traditional Chinese Edition © 2023 Sun Ya Publications (HK) Ltd.
18/F, North Point Industrial Building, 499 King's Road, Hong Kong
Published in Hong Kong SAR, China
Printed in China